이름 :

필사 입재한 날 : 년 월 일

필사 회향한 날 : 년 월 일

법륜 스님의 반야심경 강의 필사 공책

초판 1쇄 2023년 5월 15일
초판 3쇄 2025년 1월 10일

펴낸이 김정숙
펴낸곳 정토출판
등록 1996년 5월 17일 (제22-1008호)
주소 서울특별시 서초구 효령로51길 42(서초동)
전화 02-587-8991
팩스 02-6442-8993
이메일 jungtobook@gmail.com
디자인 동경작업실

ISBN 979-11-87297-52-9 (03220)

般若波羅蜜多心經

법륜 스님의 반야심경 강의

필사 공책
100일 완성

정토출판

머리글

불가에서 전해오는 기도 가운데 사경寫經이 있습니다. 경전의 내용을 그대로 따라 쓰는 것을 말합니다. 마음을 모아 경전의 내용을 눈으로 보고, 입으로 외우고, 손으로 쓰면서 마음에 새기는 기도입니다. 경전에 나오는 부처님 말씀에 비추어 현재의 나를 돌아보는 시간입니다.

《법륜 스님의 반야심경 강의》 증보판을 출간하면서 이러한 사경의 의미를 담아 필사노트를 증정용으로 제작했습니다. 《법륜 스님의 반야심경 강의》에 나오는 핵심을 간추려 하루에 한 편씩 100일간 쓰도록 구성했습니다. 매일매일 필사를 한 후에는 자신의 마음이 어떤지 기록하여 매순간 부처님의 말씀 속에 깨어있는 100일 수행 연습을 겸하도록 했습니다.

《법륜 스님의 반야심경 강의 필사노트》 증정품이 나간 이후, 이 필사노트를 정식으로 출간해달라는 요청이 쇄도하였습니다.

본인뿐 아니라 지인들에게 선물하고 싶다는 의견이 많았으며, 《반야심경》의 핵심 내용을 100일간 써보니 어느 순간 마음도 가벼워지고 사물을 보는 관점이 자신도 모르게 달라져 있다는 소감을 보내주는 독자도 있어 책으로 엮게 되었습니다.

필사筆寫는 책의 내용을 손으로 베껴 쓰는 일을 말합니다. 문장 하나하나를 곱씹어 가면서 천천히 해봅니다. 아무 생각 없이 받아쓰기하는 막노동이 되지 않도록 순간순간 흩어지는 집중력을 되잡는 일이 중요합니다.

필사를 하는 방법은 왼쪽 내용을 오른쪽 빈 페이지에 그대로 씁니다. 먼저 눈으로 읽은 후 필사를 하고, 필사한 내용을 소리내어 읽습니다. 짧은 시간이지만 집중해서 매일매일 하면서 그날의 소감도 기록합니다.

《법륜 스님의 반야심경 강의》 필사를 통해 매 순간이 새날이기를 바랍니다.

편집팀

20　　년

1월　2월　3월　4월　5월　6월　7월　8월　9월　10월　11월　12월

1　2　3　4　5　6　7　8　9　10　11　12　13　14　15

16　17　18　19　20　21　22　23　24　25　26　27　28　29　30/31

월　화　수　목　금　토　일

맑음　구름　비　갬　안개　바람

반야심경 공부는
이성과 직관만으로
내용을 이해하는 데만
관심을 두어서는 안 됩니다.
자신이 직접 체험해보겠다는
간절한 구도 정신이 필요합니다.
그래서 이제까지 자신이 안주해온
삶의 울타리를 훌쩍 벗어나
괴로움이 없는 자유로운 삶을
경험해보길 바랍니다.
자신을 둘러싼 울타리를 버리고
변화하는 자는 늘 아름다운 법입니다.

1일

【마음나누기】 지금 나의 마음은 어떤가요?

20 년

1월 2월 3월 4월 5월 6월 7월 8월 9월 10월 11월 12월

1 2 3 4 5 6 7 8 9 10 11 12 13 14 15

16 17 18 19 20 21 22 23 24 25 26 27 28 29 30/31

월 화 수 목 금 토 일

맑음 구름 비 갬 안개 바람

무엇이 우리를

이 괴로움과 속박에서

벗어나게 할 수 있을까요?

그것은 바로 '깨달음'입니다.

마치 깜깜한 방에서

어떤 물건을 찾느라고

헤매다가 불을 탁 켜면

방 안에 있는 것들이

한눈에 보이는 것과 같습니다.

2일

【마음나누기】 지금 나의 마음은 어떤가요?

20　　년

1월 2월 3월 4월 5월 6월 7월 8월 9월 10월 11월 12월

1 2 3 4 5 6 7 8 9 10 11 12 13 14 15
16 17 18 19 20 21 22 23 24 25 26 27 28 29 30/31

월 화 수 목 금 토 일

맑음 구름 비 갬 안개 바람

모든 괴로움에서 벗어난 상태를
니르바나, 즉 열반이라고 합니다.
그리고 모든 속박에서 벗어난 상태를
해탈이라고 합니다.

3일

【마음나누기】 지금 나의 마음은 어떤가요?

20 년

1월 2월 3월 4월 5월 6월 7월 8월 9월 10월 11월 12월

1 2 3 4 5 6 7 8 9 10 11 12 13 14 15

16 17 18 19 20 21 22 23 24 25 26 27 28 29 30/31

월 화 수 목 금 토 일

맑음 구름 비 갬 안개 바람

수행하는 사람은 부처님께 귀의합니다.

스스로 깨달음을 얻었고,

중생에게 깨달음의 가르침을 열어 주었으니

그분을 찬탄하고 공경하며

귀의하는 것은 당연한 일입니다.

그리고 우리를 깨닫게 해주는 가르침인

담마, 법에 귀의합니다.

이 법을 만나지 못했으면 세상을 헤매고

괴로워하며 살았을 텐데

이 법을 만나 마치 물에 빠진 자가

구명의 밧줄을 잡은 것처럼

괴로움의 바다에서 빠져나오게 되었으니

이 법에 귀의하는 것이지요.

4일

【마음나누기】 지금 나의 마음은 어떤가요?

20 년

1월 2월 3월 4월 5월 6월 7월 8월 9월 10월 11월 12월

1 2 3 4 5 6 7 8 9 10 11 12 13 14 15
16 17 18 19 20 21 22 23 24 25 26 27 28 29 30/31

월 화 수 목 금 토 일

맑음 구름 비 갬 안개 바람

또한 부처님의 가르침을 듣고 깨달은
수많은 수행자들에게 귀의합니다.
그분들이 있음으로 해서
나에게도 희망이 있기 때문입니다.
만약에 부처님의 가르침을 듣고도
깨달은 이가 없었다면
내가 깨달을 수 있다는 확신이 없을 겁니다.
부처님의 말씀을 듣고
깨달은 수행자들이 있기 때문에
나도 그분들처럼 될 수 있다는
희망이 생긴 거지요.

5일

【마음나누기】 지금 나의 마음은 어떤가요?

20 년

1월 2월 3월 4월 5월 6월 7월 8월 9월 10월 11월 12월

1 2 3 4 5 6 7 8 9 10 11 12 13 14 15

16 17 18 19 20 21 22 23 24 25 26 27 28 29 30/31

월 화 수 목 금 토 일

맑음 구름 비 갬 안개 바람

괴로움이 없는, 자유로운 삶을 추구하는 수행자는
불법승 삼보에 귀의하고
계정혜 삼학을 닦아야 합니다.
첫째, 계를 지켜야 합니다.
말과 행위를 바르게 해야 합니다.
남을 해치지 않고, 남에게 손해 끼치지 않으며
남을 괴롭히지 않고, 말로도 남을 괴롭히지 않고,
술을 먹고 취해서 남을 괴롭히지 않는
누가 봐도 훌륭한 인격자로 살아야 합니다.
이것이 바로 계를 지키는 것입니다.

6일

【마음나누기】 지금 나의 마음은 어떤가요?

20 년

1월 2월 3월 4월 5월 6월 7월 8월 9월 10월 11월 12월

1 2 3 4 5 6 7 8 9 10 11 12 13 14 15

16 17 18 19 20 21 22 23 24 25 26 27 28 29 30/31

월 화 수 목 금 토 일

맑음 구름 비 갬 안개 바람

마음을 고요히 해서 마음이 안정되고

평화로운 자가 되어야 합니다.

그러기 위해서는 선정을 닦아야 합니다.

그리고, 마음의 어리석음에서 벗어나

밝은 지혜를 증득해야 합니다.

지혜가 밝아지면 어리석음에 빠지지 않아

괴로움에서 벗어날 수 있습니다.

이렇게 계정혜 삼학으로

열반과 해탈을 증득하는 것이

수행의 목표입니다.

7일

【마음나누기】 지금 나의 마음은 어떤가요?

20 년

1월 2월 3월 4월 5월 6월 7월 8월 9월 10월 11월 12월

1 2 3 4 5 6 7 8 9 10 11 12 13 14 15

16 17 18 19 20 21 22 23 24 25 26 27 28 29 30/31

월 화 수 목 금 토 일

맑음 구름 비 갬 안개 바람

우리가 반야심경 공부를 하는 것은
부처님의 가르침을 통해서
깨달음을 얻기 위해서입니다.
무엇보다 먼저 부처님의 가르침에 대한
믿음을 가져야 하고,
이 가르침을 올바르게 이해해야 하며,
이 가르침에 따라 그대로 실천해야 합니다.
이런 믿음과 이해, 실천을 통해서
나 자신이 깨달음을 증득해야 합니다.
아무리 믿고 아무리 이해하고 아무리 실천해도,
궁극적으로 내가 체험을 못하면
나의 보배가 되지 않습니다.

8일

【마음나누기】 지금 나의 마음은 어떤가요?

20 년

1월 2월 3월 4월 5월 6월 7월 8월 9월 10월 11월 12월

1 2 3 4 5 6 7 8 9 10 11 12 13 14 15
16 17 18 19 20 21 22 23 24 25 26 27 28 29 30/31

월 화 수 목 금 토 일

맑음 구름 비 갬 안개 바람

누구나 자신의 삶이 괴롭지 않고
자유롭기를 원합니다.
모든 중생은
해탈과 열반을 원하고 있는 것입니다.
어리석음에서 벗어나는
깨달음을 얻어야 합니다.
이것이 우리가 부처님의 가르침에 따라
수행 정진하는 이유입니다.

9일

【마음나누기】 지금 나의 마음은 어떤가요?

20 년

1월 2월 3월 4월 5월 6월 7월 8월 9월 10월 11월 12월

1 2 3 4 5 6 7 8 9 10 11 12 13 14 15

16 17 18 19 20 21 22 23 24 25 26 27 28 29 30/31

월 화 수 목 금 토 일

맑음 구름 비 갬 안개 바람

수행 방식이 잘못된 경우가 많습니다.
목표를 제대로 잡지 못하고 있는 데다,
목표를 달성하기 위한 방법도
본질에서 벗어나 있습니다.
그러다 보니 애는 애대로 쓰면서도
결과를 얻지 못합니다.
얼굴에 기쁨이 생기고 삶이 자유롭고
활동에서 힘이 있어야 합니다.
마음이 위축되지 않아야 합니다.

10일

【마음나누기】 지금 나의 마음은 어떤가요?

20 년

1월 2월 3월 4월 5월 6월 7월 8월 9월 10월 11월 12월

1 2 3 4 5 6 7 8 9 10 11 12 13 14 15

16 17 18 19 20 21 22 23 24 25 26 27 28 29 30/31

월 화 수 목 금 토 일

맑음 구름 비 갬 안개 바람

불교 공부를 하면서
'부처님도 이렇게 말씀하셨네' 하며
자기가 옳다는 생각이 확실해지면,
그때부터는 부처님의 말씀을 내세워
자기 생각을 강하게 주장하기 시작합니다.
그러면 불교 공부를 하면 할수록
자기가 옳다는 생각이 더욱더 강고해집니다.
이처럼 부처님의 가르침을 내세워
자기가 옳음을 고집하는 것이
바로 법집입니다.

11일

【마음나누기】 지금 나의 마음은 어떤가요?

20　　년

1월 2월 3월 4월 5월 6월 7월 8월 9월 10월 11월 12월

1 2 3 4 5 6 7 8 9 10 11 12 13 14 15

16 17 18 19 20 21 22 23 24 25 26 27 28 29 30/31

월 화 수 목 금 토 일

맑음 구름 비 갬 안개 바람

작은 눈으로 보면
우리 삶에 온갖 문제가 있지만,
큰 눈으로 딱 보면
아무 문제도 없습니다.
그래서 '마하'만 알아도
모든 번뇌를 없앨 수 있습니다.

12일

【마음나누기】 지금 나의 마음은 어떤가요?

20 년

1월 2월 3월 4월 5월 6월 7월 8월 9월 10월 11월 12월

1 2 3 4 5 6 7 8 9 10 11 12 13 14 15
16 17 18 19 20 21 22 23 24 25 26 27 28 29 30/31

월 화 수 목 금 토 일

맑음 구름 비 갬 안개 바람

번뇌를 분석하고 절을 하고 참회를 해야만
수행을 하는 게 아니에요.
큰 눈으로 한 발 떨어져서 세상을 보면
달리 수행할 것도 없어요. 왜 그럴까요?
본래 아무 문제도 없었으니까요.
괜히 낮잠 잘 자다가
잠꼬대하는 것과 같은 게 번뇌예요.
잠을 깨면 본래부터 아무 문제도 없다는 것입니다. 공
연히 나 혼자 온갖 번뇌를 일으켜
마치 큰일이라도 일어난 것처럼
난리법석을 피웠던 겁니다.

13일

【마음나누기】 지금 나의 마음은 어떤가요?

20 년

1월 2월 3월 4월 5월 6월 7월 8월 9월 10월 11월 12월

1 2 3 4 5 6 7 8 9 10 11 12 13 14 15
16 17 18 19 20 21 22 23 24 25 26 27 28 29 30/31

월 화 수 목 금 토 일

맑음 구름 비 갬 안개 바람

지금 내가 경험하는 세상이,
수십 년 동안 똑똑히 지켜본 상대의 모습이
허상이라는 사실을 받아들이기는
쉽지 않습니다.
길 가는 사람 누구든 붙잡고 물어봐도
다 '내가 옳고 상대가 잘못했다'고 말할 겁니다.
하지만 바로 그런 때 내가 알고 있는 것들이
정말 실상인가를 돌아봐야 합니다.
내가 그토록 확신했던 것이 허상임을 알면
그 순간부터 인생이 완전히 달라집니다.

14일

【마음나누기】 지금 나의 마음은 어떤가요?

20　　년

1월 2월 3월 4월 5월 6월 7월 8월 9월 10월 11월 12월

1 2 3 4 5 6 7 8 9 10 11 12 13 14 15

16 17 18 19 20 21 22 23 24 25 26 27 28 29 30/31

월 화 수 목 금 토 일

맑음 구름 비 갬 안개 바람

다른 사람이 안 간다고 해도 나는 꼭 가야겠다,
나라도 먼저 깨달음을 얻겠다는 발원이
수행자의 자세입니다.
그리고 우선 내가 깨달아 해탈하면
내 깨달음의 결과가 남을 이롭게 할 수 있습니다.
내가 먼저 깨달아
다른 사람들까지 다 이롭게 하는 것이
바로 자리이타입니다.

15일

【마음나누기】 지금 나의 마음은 어떤가요?

20 년

1월 2월 3월 4월 5월 6월 7월 8월 9월 10월 11월 12월

1 2 3 4 5 6 7 8 9 10 11 12 13 14 15

16 17 18 19 20 21 22 23 24 25 26 27 28 29 30/31

월 화 수 목 금 토 일

맑음 구름 비 갬 안개 바람

대승 보살은 상대의 괴로움을
그의 입장에서 함께 아파합니다.
상대의 입장이 되면 그의 행동이 이해가 되고,
그러면 내 속에 있던 미움과 원망이 사라집니다.
머릿속으로 생각해서 화를 없애는 게 아니라
그를 이해하고 받아들이는 순간에
있던 화가 그냥 없어져버립니다.

16일

【마음나누기】 지금 나의 마음은 어떤가요?

20 년

1월 2월 3월 4월 5월 6월 7월 8월 9월 10월 11월 12월

1 2 3 4 5 6 7 8 9 10 11 12 13 14 15
16 17 18 19 20 21 22 23 24 25 26 27 28 29 30/31

월 화 수 목 금 토 일

맑음 구름 비 갬 안개 바람

내 욕구 때문이 아니라
진심으로 그를 이해하고 받아들이면
내 괴로움이 사라집니다.
이타행으로 하화중생하면
내 깨달음을 이루는 상구보리가
저절로 이루어집니다.
상구보리와 하화중생,
이 둘은 별개가 아닙니다.
실제로 이 두 길은 따로 있는 게 아니라
우리 삶 속에서 늘 함께 이루어집니다.

17일

【마음나누기】 지금 나의 마음은 어떤가요?

20 년

1월 2월 3월 4월 5월 6월 7월 8월 9월 10월 11월 12월

1 2 3 4 5 6 7 8 9 10 11 12 13 14 15

16 17 18 19 20 21 22 23 24 25 26 27 28 29 30/31

월 화 수 목 금 토 일

맑음 구름 비 갬 안개 바람

우리는 누구나 각자의 업식,

고정관념을 가지고 살아갑니다.

안경을 통해 세상을 보듯이 저마다

자기 업식을 통해 세상을 보고 판단하면서도

자기는 실상을 보고 있다고 착각합니다.

그러나 누구든지 끼고 있던 안경을

딱 한 번만 벗어보면

하얀색의 실상을 볼 수 있습니다.

18일

【마음나누기】 지금 나의 마음은 어떤가요?

20 년

1월 2월 3월 4월 5월 6월 7월 8월 9월 10월 11월 12월

1 2 3 4 5 6 7 8 9 10 11 12 13 14 15

16 17 18 19 20 21 22 23 24 25 26 27 28 29 30/31

월 화 수 목 금 토 일

맑음 구름 비 갬 안개 바람

안경을 벗으면 나를 알고 남도 알게 됩니다.

그것을 보고 '관념의 벽을 무너뜨린다',

'아상을 부순다',

'아집을 버린다',

'업식을 소멸한다',

'한 생각 돌이킨다' 등

여러 가지 표현을 씁니다.

모두 깨달음의 다른 표현이지요.

괴로움과 번뇌가 다 거기에서 생깁니다.

안경을 벗었을 때

비로소 실상을 볼 수 있고

괴로움에서 벗어날 수 있습니다.

19일

【마음나누기】 지금 나의 마음은 어떤가요?

20 년

1월 2월 3월 4월 5월 6월 7월 8월 9월 10월 11월 12월

1 2 3 4 5 6 7 8 9 10 11 12 13 14 15

16 17 18 19 20 21 22 23 24 25 26 27 28 29 30/31

월 화 수 목 금 토 일

맑음 구름 비 갬 안개 바람

내가 지금 어떤 어려움에 빠져있더라도
부처님의 가르침에 의지해서 수행정진하면
이 모든 괴로움에서 벗어나
부처님처럼 자유롭고 행복한 상태인
열반과 해탈을 얻을 수 있다는
믿음에서부터 출발해야 합니다.
그런 믿음으로 '아뇩다라삼먁삼보리심'을 발한 자,
즉 최상의 완전한 깨달음을 얻겠다고
마음을 낸 자를 '보살'이라고 합니다.

20일

【마음나누기】 지금 나의 마음은 어떤가요?

20 년

1월 2월 3월 4월 5월 6월 7월 8월 9월 10월 11월 12월

1 2 3 4 5 6 7 8 9 10 11 12 13 14 15

16 17 18 19 20 21 22 23 24 25 26 27 28 29 30/31

월 화 수 목 금 토 일

맑음 구름 비 갬 안개 바람

어떻게 하면 이 괴로움과 속박에서 벗어나
이 번뇌를 항복받을 수 있는지를 물었더니
일체중생을 구제하겠다는 마음을 내라고
대답하셨습니다.
거기서 더 나아가
"일체중생을 다 구제해 마쳤다 하더라도
내가 중생을 구제했다는
이 생각마저도 없어야 해탈할 수 있다"고
말씀하셨습니다.

21일

【마음나누기】 지금 나의 마음은 어떤가요?

20　　년

1월 2월 3월 4월 5월 6월 7월 8월 9월 10월 11월 12월

1 2 3 4 5 6 7 8 9 10 11 12 13 14 15

16 17 18 19 20 21 22 23 24 25 26 27 28 29 30/31

월 화 수 목 금 토 일

맑음 구름 비 갬 안개 바람

어두운 영역의 중생과 밝은 영역의 부처 사이에
보디사트바가 있습니다.
보살이 부처가 되고자
부처의 영역으로 가까이 가면
어둠은 점점 줄어들고 밝음은 점점 커집니다.
그러나 밝음의 세계로 아무리 더 가까이 가더라도
어둠이 있는 한 완전한 밝음의 세계는
만나지 못합니다.
중생의 어둠이 있는 한,
그 어둠의 그림자가 비치기 때문입니다.

22일

【마음나누기】 지금 나의 마음은 어떤가요?

20 년

1월 2월 3월 4월 5월 6월 7월 8월 9월 10월 11월 12월

1 2 3 4 5 6 7 8 9 10 11 12 13 14 15

16 17 18 19 20 21 22 23 24 25 26 27 28 29 30/31

월 화 수 목 금 토 일

맑음 구름 비 갬 안개 바람

어떻게 하면 보디사트바가 부처가 될 수 있을까요?

보디사트바가 부처가 되려면

중생 세계로 나아가

중생들을 하나도 남김없이 구제해야

비로소 그는 부처가 됩니다.

보디사트바는 이러한 사상과 관점을 가지고

수행하는 사람입니다.

23일

【마음나누기】 지금 나의 마음은 어떤가요?

20 년

1월 2월 3월 4월 5월 6월 7월 8월 9월 10월 11월 12월

1 2 3 4 5 6 7 8 9 10 11 12 13 14 15

16 17 18 19 20 21 22 23 24 25 26 27 28 29 30/31

월 화 수 목 금 토 일

맑음 구름 비 갬 안개 바람

법장비구는 마흔여덟 가지 원을 세웁니다.
신체 장애가 없는 세상, 여성 차별이 없는 세상,
전쟁이 없는 세상 등등 마흔여덟 가지 조건을
정하고, 그 목표를 달성하기 위해서 세세생생,
다겁생래로 끊임없는 수행정진을 합니다.
마침내 그 세계를 이루어내고
그는 곧 부처가 되었는데,
그 세계가 바로 극락세계이고
그 부처님의 이름이 '아미타불'입니다.

24일

【마음나누기】 지금 나의 마음은 어떤가요?

20　　년

1월　2월　3월　4월　5월　6월　7월　8월　9월　10월　11월　12월

1　2　3　4　5　6　7　8　9　10　11　12　13　14　15
16　17　18　19　20　21　22　23　24　25　26　27　28　29　30/31

월　화　수　목　금　토　일

맑음　구름　비　갬　안개　바람

지장보살은
"지옥에 한 중생이라도 남아 있는 한
나는 성불하지 않으리라"라는
대원을 세우고 정진하는 분이기에
오늘도 지옥 중생을 구제하고 계십니다.
그러니 우리가 진심으로
지장보살의 원을 믿는다면
지옥에 갈 걱정 따위는 할 필요가 없습니다.
또 지옥에 간다 하더라도 걱정할 필요가 없습니다.
위대한 지장보살도 지옥에 계신데,
한낱 내가 잠시 지옥에 있는 것이
무슨 큰일이겠습니까?

25일

【마음나누기】 지금 나의 마음은 어떤가요?

20 년

1월 2월 3월 4월 5월 6월 7월 8월 9월 10월 11월 12월

1 2 3 4 5 6 7 8 9 10 11 12 13 14 15

16 17 18 19 20 21 22 23 24 25 26 27 28 29 30/31

월 화 수 목 금 토 일

맑음 구름 비 갬 안개 바람

관세음보살은

"이 세상에 그 어떤 사람이라도 괴로워한다면

내가 그의 고통을 알아볼 것이며

그의 괴로움을 다 들어주겠다" 하는

큰 원을 세웠어요.

내가 괴로워하면 관세음보살님이 나보다 더 빨리

내 괴로움을 알고 해결하려고 합니다.

그러니 관세음보살님을 지극하게 믿는다면

자잘한 인생살이를 걱정할 일이 없습니다.

26일

【마음나누기】 지금 나의 마음은 어떤가요?

20 년

1월 2월 3월 4월 5월 6월 7월 8월 9월 10월 11월 12월

1 2 3 4 5 6 7 8 9 10 11 12 13 14 15

16 17 18 19 20 21 22 23 24 25 26 27 28 29 30/31

월 화 수 목 금 토 일

맑음 구름 비 갬 안개 바람

믿음이란

이치에 맞고 분명해야

굳건한 믿음이 됩니다.

우리의 삶이

시시때때로 흔들리는 것은

그런 믿음이 없기 때문입니다.

27일

【마음나누기】 지금 나의 마음은 어떤가요?

20 년

1월 2월 3월 4월 5월 6월 7월 8월 9월 10월 11월 12월

1 2 3 4 5 6 7 8 9 10 11 12 13 14 15

16 17 18 19 20 21 22 23 24 25 26 27 28 29 30/31

월 화 수 목 금 토 일

맑음 구름 비 갬 안개 바람

불자라면 자신에게 벌어지는 일들을
괴로워하거나 두려워하지만 말고
과거에 알게 모르게 지은
인연의 과보임을 받아들여야 합니다.
사랑을 받으려고 하지 말고
내가 먼저 사랑하는 마음을 내면
괴로움이 사라집니다.
도움을 받지 못해서 괴롭다면
도와주려는 마음을 내고,
이해받지 못해서 괴로우면
이해하는 마음을 내보십시오.

28일

【마음나누기】 지금 나의 마음은 어떤가요?

20 년

1월 2월 3월 4월 5월 6월 7월 8월 9월 10월 11월 12월

1 2 3 4 5 6 7 8 9 10 11 12 13 14 15

16 17 18 19 20 21 22 23 24 25 26 27 28 29 30/31

월 화 수 목 금 토 일

맑음 구름 비 갬 안개 바람

'상구보리 하화중생'은

위로 깨달음을 구하고

아래로 중생을 구제한다는 뜻입니다.

깨달음을 구하는 것과

중생을 구제하는 것은

수행의 양쪽 날개입니다.

어느 한쪽에 치우치거나

어느 한쪽을 외면하고서는

부처를 이룰 수 없습니다.

29일

【마음나누기】 지금 나의 마음은 어떤가요?

20 년

1월 2월 3월 4월 5월 6월 7월 8월 9월 10월 11월 12월

1 2 3 4 5 6 7 8 9 10 11 12 13 14 15

16 17 18 19 20 21 22 23 24 25 26 27 28 29 30/31

월 화 수 목 금 토 일

맑음 구름 비 갬 안개 바람

관세음보살을 부르는 뜻은

나도 관세음보살처럼 살겠다는 결심입니다.

부처가 될 수 있다는 믿음,

이 모든 고통을 관세음보살께서

보살펴줄 것이라는 믿음,

또 관세음보살처럼

남을 돕는 마음을 일으켜

나도 해탈하고 남도 해탈하게 하는

보살이 될 수 있다는 믿음으로

정진해야 합니다.

30일

【마음나누기】 지금 나의 마음은 어떤가요?

20　　년

1월 2월 3월 4월 5월 6월 7월 8월 9월 10월 11월 12월

1 2 3 4 5 6 7 8 9 10 11 12 13 14 15

16 17 18 19 20 21 22 23 24 25 26 27 28 29 30/31

월 화 수 목 금 토 일

맑음 구름 비 갬 안개 바람

괴로움이 극한에 이르렀을 때도

악몽에서 깨듯

그 고통에서 벗어날 도리가 있으니

그것이 바로 깨달음입니다.

관자재보살은

반야바라밀다를 행하고

깨달음을 얻었기에

모든 괴로움에서 벗어났습니다.

31일

【마음나누기】 지금 나의 마음은 어떤가요?

20 년

1월 2월 3월 4월 5월 6월 7월 8월 9월 10월 11월 12월

1 2 3 4 5 6 7 8 9 10 11 12 13 14 15

16 17 18 19 20 21 22 23 24 25 26 27 28 29 30/31

월 화 수 목 금 토 일

맑음 구름 비 갬 안개 바람

보시바라밀은 베풂을 통해
이 괴로움의 바다에서 벗어나는 수행법입니다.
그러나 단순히 베풀기만 한다고
보시바라밀을 행한다고 할 수는 없습니다.
범부 중생은 베풂 없이 얻으려고만 하고,
현인은 더 많이 얻기 위해서 베풀며,
성인은 베풂의 대가를 바라는 마음이 없습니다.
성인은 본래 내 것이라 할 것이 없음을
알기 때문입니다.

【마음나누기】 지금 나의 마음은 어떤가요?

20 년

1월 2월 3월 4월 5월 6월 7월 8월 9월 10월 11월 12월

1 2 3 4 5 6 7 8 9 10 11 12 13 14 15

16 17 18 19 20 21 22 23 24 25 26 27 28 29 30/31

월 화 수 목 금 토 일

맑음 구름 비 갬 안개 바람

보살의 경지인 성인은

베풀되 대가를 바라지 않습니다.

다만 베풀 뿐입니다.

보시바라밀을 이루려면

조건 없이 베풀어야 합니다.

이것을 무주상보시라고 합니다.

33일

【마음나누기】 지금 나의 마음은 어떤가요?

20 년

1월 2월 3월 4월 5월 6월 7월 8월 9월 10월 11월 12월

1 2 3 4 5 6 7 8 9 10 11 12 13 14 15

16 17 18 19 20 21 22 23 24 25 26 27 28 29 30/31

월 화 수 목 금 토 일

맑음 구름 비 갬 안개 바람

바라는 마음은

나를 속박하는 올가미가 되어

점점 더 내 목을 조입니다.

내 목에 밧줄을 매서

상대가 끌고 다니도록 내주는 격입니다.

바라는 마음을 놓아버리는 것은

고삐를 풀어버리는 것과 같고

멍에를 풀어버리는 것과 같습니다.

그러면 세상 누구도, 세상 그 무엇도

나의 행불행을 좌우할 수 없습니다.

괴로움과 속박에서 벗어나는 길이

거기에 있습니다.

34일

【마음나누기】 지금 나의 마음은 어떤가요?

20 년

1월 2월 3월 4월 5월 6월 7월 8월 9월 10월 11월 12월

1 2 3 4 5 6 7 8 9 10 11 12 13 14 15

16 17 18 19 20 21 22 23 24 25 26 27 28 29 30/31

월 화 수 목 금 토 일

맑음 구름 비 갬 안개 바람

보살은 중생을 사랑하고 보호하고
중생의 아픔을 보살피고
의지처가 되어주면서도
도무지 베푼다는 생각이 없습니다.
그래서 보살은 괴롭지 않습니다.
관세음보살은 일체중생을 보살피면서도
아무런 괴로움이 없고
지장보살은 지옥에 가서
지옥 중생을 구제하면서도
괴로움이 없습니다.

35일

【마음나누기】 지금 나의 마음은 어떤가요?

20　　　년

1월 2월 3월 4월 5월 6월 7월 8월 9월 10월 11월 12월

1 2 3 4 5 6 7 8 9 10 11 12 13 14 15
16 17 18 19 20 21 22 23 24 25 26 27 28 29 30/31

월 화 수 목 금 토 일

맑음 구름 비 갬 안개 바람

남을 도우려는 마음을 내면서
그에 대한 칭찬을 기대하면
배신감이 생겨 괴로워집니다.
남을 돕고도 비난받을
마음의 준비가 되어 있으면
어떤 일이 벌어져도 괴롭지 않습니다.
그런 마음을 가져야만 바라밀이 됩니다.
베푼다고 해서
무조건 바라밀이 되는 게 아닙니다.
돕고 베푼다는 생각까지
완전히 내려놓아야
마침내 바라밀이 됩니다.

36일

【마음나누기】 지금 나의 마음은 어떤가요?

20　　년

1월 2월 3월 4월 5월 6월 7월 8월 9월 10월 11월 12월

1 2 3 4 5 6 7 8 9 10 11 12 13 14 15

16 17 18 19 20 21 22 23 24 25 26 27 28 29 30/31

월 화 수 목 금 토 일

맑음 구름 비 갬 안개 바람

내가 지금 괴로운 이유는
사랑받지 못하기 때문이 아니라
사랑하지 않기 때문입니다.
그가 나를 사랑하고 아니고는
그의 문제입니다.
그런데도 남의 인생에 간섭하면
자연히 갈등이 생기고
괴로움이 일어납니다.

37일

【마음나누기】 지금 나의 마음은 어떤가요?

20 년

1월 2월 3월 4월 5월 6월 7월 8월 9월 10월 11월 12월

1 2 3 4 5 6 7 8 9 10 11 12 13 14 15

16 17 18 19 20 21 22 23 24 25 26 27 28 29 30/31

월 화 수 목 금 토 일

맑음 구름 비 갬 안개 바람

계율을 지킨다는 생각 없이 지키는 것,

이것이 성인의 수준입니다.

따라서 어리석은 자에게

지계는 무거운 속박이지만,

인연의 고리를 볼 줄 아는

지혜로운 자에게는

자유로움입니다.

마땅히 행해야 할 일임을

확연히 알고 나면

계율은 더 이상 속박이 아니고

자유입니다.

38일

【마음나누기】 지금 나의 마음은 어떤가요?

20 년

1월 2월 3월 4월 5월 6월 7월 8월 9월 10월 11월 12월

1 2 3 4 5 6 7 8 9 10 11 12 13 14 15

16 17 18 19 20 21 22 23 24 25 26 27 28 29 30/31

월 화 수 목 금 토 일

맑음 구름 비 갬 안개 바람

인욕바라밀은 옳고 그른 것이 없기 때문에
참을 것이 없는 것을 뜻합니다.
사람은 누구나 자기를 중심에 놓고
앞뒤, 좌우, 동서남북의 방향을 가릅니다.
자기를 기준으로 해서 모든 사물을 봅니다.
옳고 그름에 대한 판단 역시
자기 카르마를 기준으로 해서
보기 때문에 생겨나는데,
그 사실을 곧잘 잊어버리고는
자기 기준을 절대화합니다.

39일

【마음나누기】 지금 나의 마음은 어떤가요?

20 년

1월 2월 3월 4월 5월 6월 7월 8월 9월 10월 11월 12월

1 2 3 4 5 6 7 8 9 10 11 12 13 14 15

16 17 18 19 20 21 22 23 24 25 26 27 28 29 30/31

월 화 수 목 금 토 일

맑음 구름 비 갬 안개 바람

나를 기준으로 옳고 그름의 분별을 일으키며
그것을 절대화, 객관화하는 것을
'상을 짓는다'고 합니다.
우리는 지금 그 상에 집착하고 있습니다.
그로 인해 갈등이 생긴다는 것을 깨달으면
더 이상 참을 것이 없어집니다.

40일

【마음나누기】 지금 나의 마음은 어떤가요?

20 년

1월 2월 3월 4월 5월 6월 7월 8월 9월 10월 11월 12월

1 2 3 4 5 6 7 8 9 10 11 12 13 14 15

16 17 18 19 20 21 22 23 24 25 26 27 28 29 30/31

월 화 수 목 금 토 일

맑음 구름 비 갬 안개 바람

용서는 아름다운 행동이지만

거기에도 여전히 '내가 옳다'는 생각이

밑바닥에 자리 잡고 있음을 보아야 합니다.

성인의 길, 불보살의 길은

용서해줄 것이 없는 경지에 있습니다.

애초에 옳고 그른 바가 없기 때문입니다.

참을 것이 없는 이러한 경지가

인욕바라밀입니다.

41일

【마음나누기】 지금 나의 마음은 어떤가요?

20　　년

1월 2월 3월 4월 5월 6월 7월 8월 9월 10월 11월 12월

1 2 3 4 5 6 7 8 9 10 11 12 13 14 15

16 17 18 19 20 21 22 23 24 25 26 27 28 29 30/31

월 화 수 목 금 토 일

맑음 구름 비 갬 안개 바람

정진은 부지런히 닦아
꾸준히 나아간다는 뜻입니다.
좋고 싫은 마음은
나의 카르마(업식)에서 비롯됩니다.
카르마에 따라 일어나는
좋고 싫은 분별을 탁 놓아버리면,
하기 싫은데 하려고 애쓰는 게 아니라
그냥 할 뿐인 삶이 됩니다.

42일

【마음나누기】 지금 나의 마음은 어떤가요?

20 년

1월 2월 3월 4월 5월 6월 7월 8월 9월 10월 11월 12월

1 2 3 4 5 6 7 8 9 10 11 12 13 14 15

16 17 18 19 20 21 22 23 24 25 26 27 28 29 30/31

월 화 수 목 금 토 일

맑음 구름 비 갬 안개 바람

선정은 번뇌가 사라져
마음이 고요한 상태를 뜻합니다.
우리의 마음은 늘 초조하고 불안하고
산만하고 들떠 있습니다.
선정을 닦는다는 것은
마음이 산란함을 알아차리고
호흡을 가다듬고
한가하고 고요하게 하는 것입니다.

43일

【마음나누기】 지금 나의 마음은 어떤가요?

20　　년

1월 2월 3월 4월 5월 6월 7월 8월 9월 10월 11월 12월

1 2 3 4 5 6 7 8 9 10 11 12 13 14 15

16 17 18 19 20 21 22 23 24 25 26 27 28 29 30/31

월 화 수 목 금 토 일

맑음 구름 비 갬 안개 바람

아무것도 바라는 마음 없는 보시만이
자기를 이롭게 한다는 깨달음이 있어야
보시바라밀이 됩니다.
지킨다는 생각이 없는
지계바라밀,
참는다는 생각이 없는
인욕바라밀이 되기 위해서도
근본 이치에 대한
지혜가 있어야 합니다.

44일

【마음나누기】 지금 나의 마음은 어떤가요?

20 년

1월 2월 3월 4월 5월 6월 7월 8월 9월 10월 11월 12월

1 2 3 4 5 6 7 8 9 10 11 12 13 14 15

16 17 18 19 20 21 22 23 24 25 26 27 28 29 30/31

월 화 수 목 금 토 일

맑음 구름 비 갬 안개 바람

오온이 공하다는 것은
색수상행식이 다 공하여
일체가 텅 비어 실체가 없다는 뜻입니다.
또한 오온이 곧 일체이며 일체는 제법이니,
세상 만법의 본질은 텅 빈 자리입니다.
천하 만유는 '이것이다'라고 규정할
그 어떤 자아나 실체를 갖고 있지 않습니다.
그 텅 빔의 진리를 깨달으면
지금까지의 모든 괴로움과 액난으로부터
벗어날 수 있습니다.

45일

【마음나누기】 지금 나의 마음은 어떤가요?

20 년

1월 2월 3월 4월 5월 6월 7월 8월 9월 10월 11월 12월

1 2 3 4 5 6 7 8 9 10 11 12 13 14 15

16 17 18 19 20 21 22 23 24 25 26 27 28 29 30/31

월 화 수 목 금 토 일

맑음 구름 비 갬 안개 바람

실상이란 있는 그대로의 모습입니다.

모든 현상과 존재에는 어떤 한 가지

고정된 모습의 실체가 존재하지 않습니다.

'이것이다'라고 부를 만한 본성이

본래 없다는 것이 세계의 실상입니다.

존재의 실상에 대해

'제법이 공하다'라고 표현합니다.

46일

【마음나누기】 지금 나의 마음은 어떤가요?

20　　년

1월 2월 3월 4월 5월 6월 7월 8월 9월 10월 11월 12월

1 2 3 4 5 6 7 8 9 10 11 12 13 14 15

16 17 18 19 20 21 22 23 24 25 26 27 28 29 30/31

월 화 수 목 금 토 일

맑음 구름 비 갬 안개 바람

지금 우리가 실체라고 여기는 것을
오온이라고 합니다.
그러나 눈을 뜨고 나면
그건 환영이고 착각일 뿐
실체는 없습니다.
그것이 바로 공입니다.
꿈속에서는 분명 괴로움에 힘겨웠으나,
눈뜬 상태에서는 아무 괴로움이 없습니다.
이 사실을 바로 알면,
오온이 다 공하다는
공성을 확연히 아는 것입니다.

47일

【마음나누기】 지금 나의 마음은 어떤가요?

20 년

1월 2월 3월 4월 5월 6월 7월 8월 9월 10월 11월 12월

1 2 3 4 5 6 7 8 9 10 11 12 13 14 15

16 17 18 19 20 21 22 23 24 25 26 27 28 29 30/31

월 화 수 목 금 토 일

맑음 구름 비 갬 안개 바람

보시를 행함으로써
모든 괴로움에서 벗어나는 것이
바로 보시의 완성입니다.
여기서 중요한 것은
제법이 공한 이치를
깨달아야 한다는 부분입니다.
즉 보시를 행할 때
본래 내 것이라고 할 것이 없음을 알아야
참된 보시가 될 수 있다는 뜻입니다.
이것을 보시의 완성,
보시바라밀이라고 합니다.

48일

【마음나누기】 지금 나의 마음은 어떤가요?

20 년

1월 2월 3월 4월 5월 6월 7월 8월 9월 10월 11월 12월

1 2 3 4 5 6 7 8 9 10 11 12 13 14 15

16 17 18 19 20 21 22 23 24 25 26 27 28 29 30/31

월 화 수 목 금 토 일

맑음 구름 비 갬 안개 바람

제법의 공성을 깨닫겠다고

결심한다고 해서

바로 깨쳐지지는 않습니다.

그것은 공이라는 또 다른 상을

짓는 것에 불과합니다.

이런 사람은 제법이 공하다는

생각에 사로잡혀 있습니다.

공의 모양을 생각으로 지었다 하여

공상이라고 합니다.

49일

【마음나누기】 지금 나의 마음은 어떤가요?

20 년

1월 2월 3월 4월 5월 6월 7월 8월 9월 10월 11월 12월

1 2 3 4 5 6 7 8 9 10 11 12 13 14 15

16 17 18 19 20 21 22 23 24 25 26 27 28 29 30/31

월 화 수 목 금 토 일

맑음 구름 비 갬 안개 바람

제법이 공하다는 생각만으로는
결코 번뇌가 사라지지 않습니다.
제법이 공함을 지식으로 잘 알고 있는데도
번뇌와 괴로움이 사라지지 않는 것도
바로 이 때문입니다.
불교 교리에 한없이 해박한 사람이라 할지라도,
그것을 지식으로만 갖고 있다면
그의 인생 문제는 한 가지도 해결되지 않습니다.
이것이 공병입니다.

50일

【마음나누기】 지금 나의 마음은 어떤가요?

20　　년

1월 2월 3월 4월 5월 6월 7월 8월 9월 10월 11월 12월

1 2 3 4 5 6 7 8 9 10 11 12 13 14 15

16 17 18 19 20 21 22 23 24 25 26 27 28 29 30/31

월 화 수 목 금 토 일

맑음 구름 비 갬 안개 바람

중생은 끝없이 낙을 추구하며 살아도
때로는 원치 않는 고를 만나게 되고,
고에 떨어져 괴로워하다가도
그 가운데서 뜻밖의 낙을 맛보기도 합니다.
중생은 고를 싫어하고 오로지 낙을 구하나,
낙은 쉽게 구해지지 않으며
구해진다 하더라도 지속되지 않기에
우리는 늘 고에 허덕입니다.
그래서 '일체가 다 고'라고 합니다.

51일

【마음나누기】 지금 나의 마음은 어떤가요?

20　　년

1월 2월 3월 4월 5월 6월 7월 8월 9월 10월 11월 12월

1 2 3 4 5 6 7 8 9 10 11 12 13 14 15

16 17 18 19 20 21 22 23 24 25 26 27 28 29 30/31

월 화 수 목 금 토 일

맑음 구름 비 갬 안개 바람

꿈이 꿈인 줄 알아야 합니다.
꿈에서 깨어나는 그 순간
모든 두려움에서 벗어날 수 있습니다.
같은 악몽을 거듭 꾸다 보면,
꿈을 꾸는 중에도 꿈이라는 것이 알아차려지고
눈을 뜨려고 애써 본 경험이 있을 겁니다.
눈을 뜨려는 노력은 지금 꿈꾸고 있다는
자각이 일어났기 때문에 가능합니다.
꿈속에서라도 꿈인 줄 알아야만
눈뜨려는 노력을 하게 됩니다.

52일

【마음나누기】 지금 나의 마음은 어떤가요?

20 년

1월 2월 3월 4월 5월 6월 7월 8월 9월 10월 11월 12월

1 2 3 4 5 6 7 8 9 10 11 12 13 14 15

16 17 18 19 20 21 22 23 24 25 26 27 28 29 30/31

월 화 수 목 금 토 일

맑음 구름 비 갬 안개 바람

깨달음은 신통력이 아닙니다.

아무리 신통력이 뛰어나다 해도

무지에서 벗어나지 못하고

불법을 깨치지 못하면

탐진치 삼독에 빠져 괴로워하는

중생일 뿐입니다.

깨달음의 기준은

무지를 깨쳤느냐 아니냐에 있지

신통력에 있지 않습니다.

무명을 깨쳐서 괴로움이 사라져

열반에 이르는 것이

불법의 최종 목표입니다.

53일

【마음나누기】 지금 나의 마음은 어떤가요?

20 년

1월 2월 3월 4월 5월 6월 7월 8월 9월 10월 11월 12월

1 2 3 4 5 6 7 8 9 10 11 12 13 14 15

16 17 18 19 20 21 22 23 24 25 26 27 28 29 30/31

월 화 수 목 금 토 일

맑음 구름 비 갬 안개 바람

"라훌라야, 사람도 이러하다.

사람의 마음은 본래 깨끗하지만

거짓말을 하게 되면

발 씻은 물처럼 더러워진다.

사람의 몸도 더러운 마음을 갖게 되면

더러운 물을 담은 대야처럼

또한 더러워진다.

더러운 대야에 밥을 담아 먹지 않으려는 것처럼

사람들도 거짓말하는 사람을

아무도 가까이하지 않는다."

54일

【마음나누기】 지금 나의 마음은 어떤가요?

20 년

1월 2월 3월 4월 5월 6월 7월 8월 9월 10월 11월 12월

1 2 3 4 5 6 7 8 9 10 11 12 13 14 15

16 17 18 19 20 21 22 23 24 25 26 27 28 29 30/31

월 화 수 목 금 토 일

맑음 구름 비 갬 안개 바람

A로 말미암아 B가 일어난다면
A와 B는 무관한 존재가 아닙니다.
각각이 독립된 개별적 존재가 아니라
어떤 연관을 갖고 있습니다.
이 세상의 모든 존재는 그와 같이
그물처럼 서로 연관되어 있습니다.
연기법은 '이것이 있으므로 저것이 있고,
이것이 일어나므로 저것이 일어난다.
이것이 없으면 저것이 없고,
이것이 사라지면 저것도 사라진다'는
내용으로 정리할 수 있습니다.

【마음나누기】 지금 나의 마음은 어떤가요?

20　　년

1월 2월 3월 4월 5월 6월 7월 8월 9월 10월 11월 12월

1 2 3 4 5 6 7 8 9 10 11 12 13 14 15
16 17 18 19 20 21 22 23 24 25 26 27 28 29 30/31

월 화 수 목 금 토 일

맑음 구름 비 갬 안개 바람

우리가 어떤 존재를 인식한다면
지금 그것은 연관된 상태에 있고,
인식하지 못한다면
그 연관이 해체되어 있다는 것입니다.
세상에 존재하는 모든 것들은
공간적 측면에서 서로 연관되어 있기 때문에
개별적 단독자란 존재할 수 없습니다.
이것이 무아입니다.
모든 것은 서로 연관되어 존재하므로
'아'라고 할 만한 단독자는 없음을 뜻합니다.

56일

【마음나누기】 지금 나의 마음은 어떤가요?

20 년

1월 2월 3월 4월 5월 6월 7월 8월 9월 10월 11월 12월

1 2 3 4 5 6 7 8 9 10 11 12 13 14 15
16 17 18 19 20 21 22 23 24 25 26 27 28 29 30/31

월 화 수 목 금 토 일

맑음 구름 비 갬 안개 바람

이것과 저것이 시간적 측면의 인과관계로
상호 연관되어 있다는 것이고,
이것을 무상이라 부릅니다.
항상하는 것, 영원불변한 것은 없으며
모든 존재는 끊임없이 변해갑니다.
이와 같이 연기법의 내용을
'공간과 시간'이라는 두 개의 측면으로 나누어
무아와 무상으로 정리할 수 있습니다.

57일

【마음나누기】 지금 나의 마음은 어떤가요?

20 년

1월 2월 3월 4월 5월 6월 7월 8월 9월 10월 11월 12월

1 2 3 4 5 6 7 8 9 10 11 12 13 14 15

16 17 18 19 20 21 22 23 24 25 26 27 28 29 30/31

월 화 수 목 금 토 일

맑음 구름 비 갬 안개 바람

중생은 나쁜 사람이 아니라

어리석은 사람, 무지한 사람입니다.

우리는 무지하기 때문에

존재의 참모습이 연기임에도

연기를 모릅니다.

존재의 참모습이 무상이며 무아인데

그것을 알지 못합니다.

항상함이 없고, 영원하지 않고,

변해 가는 것임에도

우리는 그것이 항상하여

영원하다고 착각합니다.

58일

【마음나누기】 지금 나의 마음은 어떤가요?

20 년

1월 2월 3월 4월 5월 6월 7월 8월 9월 10월 11월 12월

1 2 3 4 5 6 7 8 9 10 11 12 13 14 15

16 17 18 19 20 21 22 23 24 25 26 27 28 29 30/31

월 화 수 목 금 토 일

맑음 구름 비 갬 안개 바람

부처님의 가르침 중
최고의 핵심은 연기이며,
연기는 무상과 무아로 정리됩니다.
제법이 무상이고 무아임을 깨달으면
열반의 경지에 들게 되고,
아견과 상견에 빠지면
괴로움이 일어나게 됩니다.
무상과 무아를
대승불교에서는 '공'이라고 합니다.

59일

【마음나누기】 지금 나의 마음은 어떤가요?

20 년

1월 2월 3월 4월 5월 6월 7월 8월 9월 10월 11월 12월

1 2 3 4 5 6 7 8 9 10 11 12 13 14 15

16 17 18 19 20 21 22 23 24 25 26 27 28 29 30/31

월 화 수 목 금 토 일

맑음 구름 비 갬 안개 바람

변하는 것을 변하지 않는다고 잘못 알고 있는 데서
괴로움이 생깁니다.
죽을 수밖에 없는 육신을 두고
죽지 않기를 원하니 괴로울 수밖에 없고,
변하는 이 세상 모든 것들을 두고
영원하기를 바라니 괴롭지 않을 수가 없습니다.
세상 모든 존재가 무상함을 알고
무아임을 알고 공인 것을 깨달으면,
괴로울 일이 없는
열반적정에 이르게 됩니다.

60일

【마음나누기】 지금 나의 마음은 어떤가요?

20 년

1월 2월 3월 4월 5월 6월 7월 8월 9월 10월 11월 12월

1 2 3 4 5 6 7 8 9 10 11 12 13 14 15

16 17 18 19 20 21 22 23 24 25 26 27 28 29 30/31

월 화 수 목 금 토 일

맑음 구름 비 갬 안개 바람

모양 없는 물이 그릇 따라

그 형태를 나타내듯이

인연에 따라, 때와 장소에 따라

우리의 존재가 규정됩니다.

'나'라는 실체가 존재해

여러 가지 역할을 해내고 있는 게 아니라,

다만 인연을 따라 이런저런 형태로

나의 모습이 드러날 따름입니다.

나의 고정된 실체는 없습니다.

이것이 무아의 의미입니다.

61일

【마음나누기】 지금 나의 마음은 어떤가요?

20　　　년

1월 2월 3월 4월 5월 6월 7월 8월 9월 10월 11월 12월

1 2 3 4 5 6 7 8 9 10 11 12 13 14 15

16 17 18 19 20 21 22 23 24 25 26 27 28 29 30/31

월 화 수 목 금 토 일

맑음 구름 비 갬 안개 바람

'이것이다'라고 할 바가 없는 줄을 알게 되면,
세상 사람들이 '이것이다'라고 고집하는 것까지
모두 포용해낼 수 있습니다.
이런 도리를 깨닫고 나면
자기 생각을 고집하는 온갖 사람들과도
걸림 없이 살 수 있습니다.

62일

【마음나누기】 지금 나의 마음은 어떤가요?

20 년

1월 2월 3월 4월 5월 6월 7월 8월 9월 10월 11월 12월

1 2 3 4 5 6 7 8 9 10 11 12 13 14 15

16 17 18 19 20 21 22 23 24 25 26 27 28 29 30/31

월 화 수 목 금 토 일

맑음 구름 비 갬 안개 바람

옳고 그름, 맞고 틀림, 깨끗하고 더러움은
다 내 마음이 짓는 바이니,
존재 자체에 그런 실체가 있는 것은 아닙니다.
그런데도 우리는 실체가 있다는
허상에 사로잡혀서
얼마나 많이 미워하고 원망하고
괴로워하며 한을 품고 살아가고 있습니까.
'원수를 사랑하라'고 말하지만,
제법이 공한 이치에서 볼 때는
원수라고 할 것마저 본래 없습니다.
모든 것은 다 자기 마음이 짓는 바입니다.

63일

【마음나누기】 지금 나의 마음은 어떤가요?

20 년

1월 2월 3월 4월 5월 6월 7월 8월 9월 10월 11월 12월

1 2 3 4 5 6 7 8 9 10 11 12 13 14 15

16 17 18 19 20 21 22 23 24 25 26 27 28 29 30/31

월 화 수 목 금 토 일

맑음 구름 비 갬 안개 바람

우리 하나하나의 삶이
제각기 독립적인 것처럼 보이지만,
우리 역시 별개의 독립된 존재가 아니라
모두 연관된 하나의 존재입니다.
그래서 우리의 삶은
서로가 서로를 살리는 삶이어야 합니다.

64일

【마음나누기】 지금 나의 마음은 어떤가요?

20 년

1월 2월 3월 4월 5월 6월 7월 8월 9월 10월 11월 12월

1 2 3 4 5 6 7 8 9 10 11 12 13 14 15

16 17 18 19 20 21 22 23 24 25 26 27 28 29 30/31

월 화 수 목 금 토 일

맑음 구름 비 갬 안개 바람

우리의 존재는 인연 따라 일어납니다.
스스로의 성품을 지키지 아니하고
인연 따라 나툰다는
'불수자성수연성'의 이치를 깨달으면
우리의 삶이 훨씬 자유로워집니다.
지금까지 품었던 한을 내려놓을 수 있고,
이해하지 못했던 사람도 이해하게 되며,
움켜쥐고 집착하던 것들을
다 내려놓을 수 있습니다.

65일

【마음나누기】 지금 나의 마음은 어떤가요?

20　　년

1월 2월 3월 4월 5월 6월 7월 8월 9월 10월 11월 12월

1 2 3 4 5 6 7 8 9 10 11 12 13 14 15

16 17 18 19 20 21 22 23 24 25 26 27 28 29 30/31

월 화 수 목 금 토 일

맑음 구름 비 갬 안개 바람

그러니 '나'를 고집할 것이 없습니다.
이것이 무아입니다.
'나'라고 고집할 것이 없으니
'내 것'이라고 고집할 것도 당연히 없습니다.
이것이 무소유입니다.
또 사람의 의견은 서로 다를 뿐이지
옳고 그른 것이 없으니
내 의견이 옳다고 고집할 것도 없습니다.
이것이 무아집입니다.

66일

【마음나누기】 지금 나의 마음은 어떤가요?

20 년

1월 2월 3월 4월 5월 6월 7월 8월 9월 10월 11월 12월

1 2 3 4 5 6 7 8 9 10 11 12 13 14 15

16 17 18 19 20 21 22 23 24 25 26 27 28 29 30/31

월 화 수 목 금 토 일

맑음 구름 비 갬 안개 바람

새로 생겨났다고 해도
생겨난 것이 아니고,
없어졌다고 하지만
없어진 것도 아닙니다.
단지 변했을 뿐입니다.
그래서 공의 세계에서는
모든 존재가 불생불멸합니다.

67일

【마음나누기】 지금 나의 마음은 어떤가요?

20　　년

1월 2월 3월 4월 5월 6월 7월 8월 9월 10월 11월 12월

1 2 3 4 5 6 7 8 9 10 11 12 13 14 15

16 17 18 19 20 21 22 23 24 25 26 27 28 29 30/31

월 화 수 목 금 토 일

맑음 구름 비 갬 안개 바람

'제행무상'이라는 것은
형성된 것은 모두 변한다는 말이에요.
'제법무아'라 하면
'아무것도 없다, 그러니 허무하다'가 아니라
실체가 없다는 말일 뿐이에요.
그런데 관계는 영원한 게 아니라 변합니다.
내가 종으로서 관계를 맺고 있다 하더라도
이 관계가 변하는 거지요.
이것이 해방 사상이 되는 이유입니다.

68일

【마음나누기】 지금 나의 마음은 어떤가요?

20 년

1월 2월 3월 4월 5월 6월 7월 8월 9월 10월 11월 12월

1 2 3 4 5 6 7 8 9 10 11 12 13 14 15

16 17 18 19 20 21 22 23 24 25 26 27 28 29 30/31

월 화 수 목 금 토 일

맑음 구름 비 갬 안개 바람

불교에서 말하는 열반은

중생이 보는 1차원 세계에서의 낙이 아니라,

한 차원 높은 세계에서 고락을 떠난 세계입니다.

중생의 세계에는 승패가 있어서

이겨야 승리의 기쁨을 맛보지만

열반은 이겨서 얻는 기쁨이 아니라

승패를 떠난 세계입니다.

상대가 욕할 때 맞받아 욕하고 상대를 굴복시켜

이김으로써 얻는 기쁨이 아닙니다.

오히려 자기 잘못을 깨닫도록 도와줌으로써

그도 기쁘고 나도 기쁜, 그도 행복하고 나도 행복한

그런 즐거움입니다.

69일

【마음나누기】 지금 나의 마음은 어떤가요?

20　　년

1월 2월 3월 4월 5월 6월 7월 8월 9월 10월 11월 12월

1 2 3 4 5 6 7 8 9 10 11 12 13 14 15
16 17 18 19 20 21 22 23 24 25 26 27 28 29 30/31

월 화 수 목 금 토 일

맑음 구름 비 갬 안개 바람

생멸로 인해서 일어나는 모든 괴로움은
모두 무지로부터 생겨납니다.
이것을 확연히 깨쳐야 불생불멸,
생사가 없는 도리를 알게 됩니다.
생사가 없는 도리라 하면
흔히 영원히 죽지 않는 것,
무상과 반대되는 항상함과 영원을 생각하지만,
불생불멸이란 영원이 아닙니다.
생한다고 할 것도 없고
멸한다고 할 것도 없이
다만 변화할 뿐이라는 것입니다.

70일

【마음나누기】 지금 나의 마음은 어떤가요?

20　　년

1월 2월 3월 4월 5월 6월 7월 8월 9월 10월 11월 12월

1 2 3 4 5 6 7 8 9 10 11 12 13 14 15

16 17 18 19 20 21 22 23 24 25 26 27 28 29 30/31

월 화 수 목 금 토 일

맑음 구름 비 갬 안개 바람

'그것은 누구의 것인가?
진실로 누구의 것인가?
내가 옳다고 할 때 정말 옳은 것인가?
어째서 옳은가?' 하는 문제를
끝없이 탐구해 들어가야 합니다.
그러면 내 것이라 할 것도,
네 것이라 할 것도,
우리 것이라 할 것도,
자연의 것이라 할 것도,
하늘의 것이라 할 것도 없음을,
그래서 누구의 것이라 할 것이
본래 없음을 알게 됩니다.

71일

【마음나누기】 지금 나의 마음은 어떤가요?

20 년

1월 2월 3월 4월 5월 6월 7월 8월 9월 10월 11월 12월

1 2 3 4 5 6 7 8 9 10 11 12 13 14 15

16 17 18 19 20 21 22 23 24 25 26 27 28 29 30/31

월 화 수 목 금 토 일

맑음 구름 비 갬 안개 바람

한번 꿈에서 깨어나면

설령 다시 꿈속에 빠지더라도

잠시 헤맬 뿐, 금방 자각하게 됩니다.

망념임을 알고 있으므로

희로애락에 빠지지 않고 정신을 차려서

경계에 사로잡혔음을,

한 생각에 빠졌음을 알아차릴 수 있습니다.

그래서 화내고 짜증내고

미워하고 원망하고

슬퍼하고 외로워하다가도

그 물결에 빠져 마냥 허우적대지 않고

이내 밝은 마음으로 돌아오게 됩니다.

72일

【마음나누기】 지금 나의 마음은 어떤가요?

20　　년

1월　2월　3월　4월　5월　6월　7월　8월　9월　10월　11월　12월

1　2　3　4　5　6　7　8　9　10　11　12　13　14　15

16　17　18　19　20　21　22　23　24　25　26　27　28　29　30/31

월　화　수　목　금　토　일

맑음　구름　비　갬　안개　바람

깨달음의 눈으로 보면
성스럽다 할 것도 없고
부정하다 할 것도 없습니다.
정과 부정이 본래 없는 도리를 알게 되면
우리는 숱한 걸림과 속박에서
해방될 수 있습니다.

73일

【마음나누기】 지금 나의 마음은 어떤가요?

20 년

1월 2월 3월 4월 5월 6월 7월 8월 9월 10월 11월 12월

1 2 3 4 5 6 7 8 9 10 11 12 13 14 15

16 17 18 19 20 21 22 23 24 25 26 27 28 29 30/31

월 화 수 목 금 토 일

맑음 구름 비 갬 안개 바람

무언가에 집착해서 아우성인 사람에게
"그건 아무것도 아니야,
그냥 집착만 놓아버리면 돼" 하고 알려주어도
그 사람은 그렇게 하면
무슨 큰일이 일어난다고만 생각합니다.
그러나 움켜쥔 그 손을 놓아버리면
다시는 고통스럽게 매달릴 필요 없는
영원한 안락을 만날 수 있습니다.
자기 생각에 사로잡힌 상태에서 벗어나면
세상을 자유롭게 살아갈 수 있습니다.

74일

【마음나누기】 지금 나의 마음은 어떤가요?

20 년

1월 2월 3월 4월 5월 6월 7월 8월 9월 10월 11월 12월

1 2 3 4 5 6 7 8 9 10 11 12 13 14 15

16 17 18 19 20 21 22 23 24 25 26 27 28 29 30/31

월 화 수 목 금 토 일

맑음 구름 비 갬 안개 바람

이치를 꿰뚫어 알았다 해도

오랜 세월 쌓은 습기로 인해

여전히 순간순간 어리석음에 사로잡히므로,

넘어졌다 일어나고 넘어졌다 일어나는

연습을 해야 합니다.

그것이 '수행'입니다.

75일

【마음나누기】 지금 나의 마음은 어떤가요?

20　　년

1월　2월　3월　4월　5월　6월　7월　8월　9월　10월　11월　12월

1　2　3　4　5　6　7　8　9　10　11　12　13　14　15

16　17　18　19　20　21　22　23　24　25　26　27　28　29　30/31

월　화　수　목　금　토　일

맑음　구름　비　갬　안개　바람

수행하는 자는
무엇보다도 바른 가르침을 만나
법의 이치를 꿰뚫어 알아야 합니다.
이것은 시간이 많이 걸리는 일은 아닙니다.
언하에 깨치기도 하고 3일이 될 수도 있고
석 달이 될 수 도 있습니다.
하지만 적어도 3년 안에는
꿰뚫어 알아야 합니다.
불교라는 이름의 종교 형식에 젖어서는
꿈속에서 불법을 만난 것과 같습니다.
우리는 꿈에서 깨어나는 길을 가야 합니다.

76일

【마음나누기】 지금 나의 마음은 어떤가요?

20　　년

1월 2월 3월 4월 5월 6월 7월 8월 9월 10월 11월 12월

1 2 3 4 5 6 7 8 9 10 11 12 13 14 15

16 17 18 19 20 21 22 23 24 25 26 27 28 29 30/31

월 화 수 목 금 토 일

맑음 구름 비 갬 안개 바람

존재 자체에는 성스러움과 부정함이 없고,
옳고 그름도 없으며,
귀하고 천함도 없습니다.
그러므로 우리는 일체시, 일체처에
정과 부정으로 인해,
옳고 그름으로 인해,
귀하고 천함으로 인해
분별심을 일으켜서는 안 됩니다.
분별심이 일어날 때는
분별심이 일어나는 줄 알아야 합니다.
그 마음을 일으키는 것이
바로 나인 줄을 알아차려야 합니다.

77일

【마음나누기】 지금 나의 마음은 어떤가요?

20　　　년

1월 2월 3월 4월 5월 6월 7월 8월 9월 10월 11월 12월

1 2 3 4 5 6 7 8 9 10 11 12 13 14 15
16 17 18 19 20 21 22 23 24 25 26 27 28 29 30/31

월 화 수 목 금 토 일

맑음 구름 비 갬 안개 바람

오직 나를 중심으로 보고
남을 적대하는 것이 아상이며,
사람만을 중심으로 보고
사람 아닌 다른 것을 적대하는 것이 인상입니다.
오늘날 우리가 저지르는 환경 파괴는
인상에 사로잡힌 결과입니다.
사람 중심으로만 생각하는 데 따른 행위입니다.
모든 것이 하나로 연결되어 있음에도
오로지 사람을 중심으로 생각하고
다른 생명을 해치면,
결국 우리들에게도 손실로 돌아옵니다.

78일

【마음나누기】 지금 나의 마음은 어떤가요?

20 년

1월 2월 3월 4월 5월 6월 7월 8월 9월 10월 11월 12월

1 2 3 4 5 6 7 8 9 10 11 12 13 14 15
16 17 18 19 20 21 22 23 24 25 26 27 28 29 30/31

월 화 수 목 금 토 일

맑음 구름 비 갬 안개 바람

살아 꿈틀거리는 생명만을 중심으로 보는 것은
중생상입니다.
더 나아간다면 '있다', 혹은 '없다'는 생각도
넘어서야 합니다.
있고 없음을 넘어서는
존재의 본질 세계로까지 인식의 폭을 넓히면,
그것이 우주적인 인식이고
그를 통하여 나는 우주적인 존재가 됩니다.
나 자신이 그만큼 커다란 존재가 됩니다.
거기에는 나와 너를 넘어선 세계,
분별의 세계를 모두 넘어선
더 큰 세계가 있습니다.

79일

【마음나누기】 지금 나의 마음은 어떤가요?

20　　년

1월 2월 3월 4월 5월 6월 7월 8월 9월 10월 11월 12월

1 2 3 4 5 6 7 8 9 10 11 12 13 14 15

16 17 18 19 20 21 22 23 24 25 26 27 28 29 30/31

월 화 수 목 금 토 일

맑음 구름 비 갬 안개 바람

불법을 공부해서 이치를 깨닫고
그것을 자기 경험 속에서 조금씩 체험해 나가면
사람의 운명이 바뀝니다.
남편이나 아내가 뭐라고 하든
옳고 그름을 따지지 않고
"예, 알겠습니다" 하고 말해집니다.
금방 잘못될 것 같지만,
실제로 그렇게 해보면
아무런 문제도 생기지 않습니다.
내가 옳다는 생각을 움켜쥐고 있을 때는
그렇게 말하면 큰일 나는 줄 아는데,
그 생각을 내려놓으면
괴로움이 없이 살아갈 수 있습니다.

80일

【마음나누기】 지금 나의 마음은 어떤가요?

20 년

1월 2월 3월 4월 5월 6월 7월 8월 9월 10월 11월 12월

1 2 3 4 5 6 7 8 9 10 11 12 13 14 15
16 17 18 19 20 21 22 23 24 25 26 27 28 29 30/31

월 화 수 목 금 토 일

맑음 구름 비 갬 안개 바람

일체는 오온이고, 끊임없이 변합니다.
육신은 생로병사하고
우주는 성주괴공하며,
우리의 마음은 성주이멸합니다.
느낌과 생각과 의지도 마찬가지로
일어나고 머무르고 사라지는
생멸의 과정을 거듭합니다.
마음 작용의 토대인 '식'은 어떠합니까?
역시 형성되고, 작용하며, 점
차 바뀌어 나갑니다.
그러나 이 습관 또한
영원불변하는 것이 아니며
변화합니다.

81일

【마음나누기】 지금 나의 마음은 어떤가요?

20 년

1월 2월 3월 4월 5월 6월 7월 8월 9월 10월 11월 12월

1 2 3 4 5 6 7 8 9 10 11 12 13 14 15
16 17 18 19 20 21 22 23 24 25 26 27 28 29 30/31

월 화 수 목 금 토 일

맑음 구름 비 갬 안개 바람

인연과보의 '인'은 직접적인 원인이며
'연'은 간접적인 조건입니다.
결과는 단순히 원인에 의해서만
결정되는 것이 아니라,
그 원인이 작용하는
주위 환경에도 영향을 받습니다.
그러므로 내가 세계에 영향을 주는 측면이 있고,
세계로부터 영향을 받는 측면이 있습니다.

82일

【마음나누기】 지금 나의 마음은 어떤가요?

20 년

1월 2월 3월 4월 5월 6월 7월 8월 9월 10월 11월 12월

1 2 3 4 5 6 7 8 9 10 11 12 13 14 15

16 17 18 19 20 21 22 23 24 25 26 27 28 29 30/31

월 화 수 목 금 토 일

맑음 구름 비 갬 안개 바람

수행 차원에서는

찰나 이전이 전생이고

찰나 이후가 내생입니다.

과거의 원인이 현재의 과보로 나타나고,

현재의 원인이 미래의 과보로 나타나며,

찰나와 찰나가 연결되어 있습니다.

그러니 '수'를 관찰해야 합니다.

수는 부싯돌의 불꽃처럼

반짝 일어났다가 사라지기 때문에

주의 깊게 살펴야 합니다.

불꽃이 솜으로 옮겨 붙어야 불이 난 줄 알지,

부싯돌 사이에서 반짝 튀어오르는 순간에는

불꽃을 알아차리기 어렵습니다.

83일

【마음나누기】 지금 나의 마음은 어떤가요?

20 년

1월 2월 3월 4월 5월 6월 7월 8월 9월 10월 11월 12월

1 2 3 4 5 6 7 8 9 10 11 12 13 14 15
16 17 18 19 20 21 22 23 24 25 26 27 28 29 30/31

월 화 수 목 금 토 일

맑음 구름 비 갬 안개 바람

불꽃이 일어날 때 알아차려서
불길로 번지는 것을 막아야 합니다.
기분 좋은 느낌이 일어나면
그것이 갈애로 가지 않도록 해야 하고,
불쾌한 느낌이 일어나면
그것이 혐오로 가지 않도록 해야 합니다.
그러기 위해서 몸의 감각과 마음의 느낌을
알아차려야 합니다.
감각과 느낌을 알아차리면
그것이 불길로 번지는 것을 막을 수 있습니다.
알아차림이 있으면
순간의 불꽃은 옮겨 붙지 못하고
사라져버립니다.

84일

【마음나누기】 지금 나의 마음은 어떤가요?

20 년

1월 2월 3월 4월 5월 6월 7월 8월 9월 10월 11월 12월

1 2 3 4 5 6 7 8 9 10 11 12 13 14 15

16 17 18 19 20 21 22 23 24 25 26 27 28 29 30/31

월 화 수 목 금 토 일

맑음 구름 비 갬 안개 바람

'이런 마음이 일어나는구나' 하고

알아차리면 됩니다.

고요한 상태에서 느낌이 일어나고 사라짐을

다만 알아차리면 됩니다.

이때 의식 아래에 있는

무의식이 반응하기 시작합니다.

정진을 해갈수록 무의식의 세계에 쌓였던

마음의 상처들이 흘러나옵니다.

밑바닥의 무의식까지 계속해서 올라오는 것을 보며,

'아! 나에게 이런 업식이 있었구나.

이런 피해의식이 있었구나' 하고

알아차릴 뿐입니다.

85일

【마음나누기】 지금 나의 마음은 어떤가요?

20 년

1월 2월 3월 4월 5월 6월 7월 8월 9월 10월 11월 12월

1 2 3 4 5 6 7 8 9 10 11 12 13 14 15

16 17 18 19 20 21 22 23 24 25 26 27 28 29 30/31

월 화 수 목 금 토 일

맑음 구름 비 갬 안개 바람

업식은 의식의 수면 아래에 있어 알 수 없으므로
무의식이라고 하는데
감각과 느낌을 통해서만 알 수 있지만,
명상에서 알아차림의 훈련을 거듭하면
내 업식이 어떻게 형성되어 있는지를 알게 됩니다.
욕망이 일어나기 전에
내가 어떻게 반응하고
내 마음이 어떻게 일어날지를 알 수 있다면
더 이상 경계에 끄달리지 않게 됩니다.

86일

【마음나누기】 지금 나의 마음은 어떤가요?

20　　　년

1월 2월 3월 4월 5월 6월 7월 8월 9월 10월 11월 12월

1 2 3 4 5 6 7 8 9 10 11 12 13 14 15

16 17 18 19 20 21 22 23 24 25 26 27 28 29 30/31

월 화 수 목 금 토 일

맑음 구름 비 갬 안개 바람

바르게 본다는 정견은

사물을 있는 그대로 보는 것입니다.

착각하거나 환상에 사로잡히지 않고,

있는 사실 그대로를 보아야 합니다.

'정사'는 바른 사유입니다.

인과의 법칙을 알아

할 일과 하지 말아야 할 일을

분명히 아는 것입니다.

정견과 정사를 합하면

있는 그대로 보고 바르게 판단하는 것이니,

지혜라고 할 수 있습니다.

87일

【마음나누기】 지금 나의 마음은 어떤가요?

20 년

1월 2월 3월 4월 5월 6월 7월 8월 9월 10월 11월 12월

1 2 3 4 5 6 7 8 9 10 11 12 13 14 15

16 17 18 19 20 21 22 23 24 25 26 27 28 29 30/31

월 화 수 목 금 토 일

맑음 구름 비 갬 안개 바람

정어는 바른 말,

정업은 바른 행동,

정명은 바른 생을 의미합니다.

정어는 거짓말하지 않고 이간질하지 않고

아양 떨지 않고 욕설하지 않는 것입니다.

정업은 살생하지 않고 도둑질하지 않고

사음하지 않는 것, 방생하고 보시하며

청정하게 사는 것을 말합니다.

정명이란 삶의 수단이 정당해야 함을 말합니다.

88일

【마음나누기】 지금 나의 마음은 어떤가요?

20 년

1월 2월 3월 4월 5월 6월 7월 8월 9월 10월 11월 12월

1 2 3 4 5 6 7 8 9 10 11 12 13 14 15

16 17 18 19 20 21 22 23 24 25 26 27 28 29 30/31

월 화 수 목 금 토 일

맑음 구름 비 갬 안개 바람

정정진은 바른 노력,

정념은 바르게 깨어있기,

정정은 바른 집중과 안정을 말합니다.

마음이 고요하고 평정한 상태를

정정이라고 하고,

뚜렷하게 알아차려 마음이 깨어있는 상태를

정념이라 합니다.

정정진은 깨어있는 상태를 지속적으로

유지할 수 있도록 꾸준히 연습하는 것입니다.

89일

【마음나누기】 지금 나의 마음은 어떤가요?

20 년

1월 2월 3월 4월 5월 6월 7월 8월 9월 10월 11월 12월

1 2 3 4 5 6 7 8 9 10 11 12 13 14 15

16 17 18 19 20 21 22 23 24 25 26 27 28 29 30/31

월 화 수 목 금 토 일

맑음 구름 비 갬 안개 바람

반야심경에서는
깨달음이라는 실체를 정해놓고
그것을 얻으려고 하는 생각을 부정합니다.
고집멸도의 사성제가 허위라는 뜻이 아니라
'이것이 진리다'라고 규정짓는 오류를
비판하는 것입니다.
깨달음에 어떤 실체가 있어서
얻을 수 있다는 생각은
무아의 근본 가르침에 맞지 않습니다.

90일

【마음나누기】 지금 나의 마음은 어떤가요?

20　　년

1월 2월 3월 4월 5월 6월 7월 8월 9월 10월 11월 12월

1 2 3 4 5 6 7 8 9 10 11 12 13 14 15

16 17 18 19 20 21 22 23 24 25 26 27 28 29 30/31

월 화 수 목 금 토 일

맑음 구름 비 갬 안개 바람

금강경에

'범소유상 개시허망'이라는 구절이 있습니다.

상이 있는 것은 다 허망하다,

텅 비어 실체가 없다는 뜻입니다.

'일체유위법 여몽환포영 여로역여전'이라고도

했습니다.

상이 있는 모든 것은

꿈과 같고 꼭두각시와 같고

물거품과 같고 그림자와 같으며,

또한 이슬과 같고 번개와 같다는 뜻입니다.

91일

【마음나누기】 지금 나의 마음은 어떤가요?

20 년

1월 2월 3월 4월 5월 6월 7월 8월 9월 10월 11월 12월

1 2 3 4 5 6 7 8 9 10 11 12 13 14 15

16 17 18 19 20 21 22 23 24 25 26 27 28 29 30/31

월 화 수 목 금 토 일

맑음 구름 비 갬 안개 바람

부지런히 수행하는데도

오히려 더 괴롭다면

수행이라는 또 다른 상을

움켜쥐고 있기 때문입니다.

절하고 염불하고 명상하는 게

수행이 아닙니다.

괴로움의 본질을 꿰뚫어서

집착을 내려놓아야

자유로운 삶의 길이 열립니다.

92일

【마음나누기】 지금 나의 마음은 어떤가요?

20 년

1월 2월 3월 4월 5월 6월 7월 8월 9월 10월 11월 12월

1 2 3 4 5 6 7 8 9 10 11 12 13 14 15

16 17 18 19 20 21 22 23 24 25 26 27 28 29 30/31

월 화 수 목 금 토 일

맑음 구름 비 갬 안개 바람

얻으려는 생각이 없으면
마치 바람이 그물에 걸림이 없는 것처럼
그냥 통과합니다.
얻으려는 게 없다고 하면,
“아무런 목적의식 없이 어떻게 삽니까?”
하고 묻는 사람이 많습니다.
목적의식이 없는 것이 아니라
무엇을 얻어야 한다는 집착이 없으면
인연을 따라 적응하므로
바로 해탈의 길로 갑니다.

93일

【마음나누기】 지금 나의 마음은 어떤가요?

20 년

1월 2월 3월 4월 5월 6월 7월 8월 9월 10월 11월 12월

1 2 3 4 5 6 7 8 9 10 11 12 13 14 15

16 17 18 19 20 21 22 23 24 25 26 27 28 29 30/31

월 화 수 목 금 토 일

맑음 구름 비 갬 안개 바람

전도는 거꾸로 됐다는 말이고
몽상은 꿈속의 생각을 말합니다.
멀리 떠난다는 말은
제법이 공함을 깨쳤다는 뜻입니다.
얻으려는 생각이 없는 마음은
바람처럼 아무 걸림 없이 움직입니다.
환상에서 벗어난 그 자리,
전도몽상에서 벗어난
그 자리가 깨달음입니다.
헛것을 있는 것으로 보는
착각으로부터 깨어나면
괴로움이 없는 열반에 이르게 됩니다.

94일

【마음나누기】 지금 나의 마음은 어떤가요?

20 년

1월 2월 3월 4월 5월 6월 7월 8월 9월 10월 11월 12월

1 2 3 4 5 6 7 8 9 10 11 12 13 14 15
16 17 18 19 20 21 22 23 24 25 26 27 28 29 30/31

월 화 수 목 금 토 일

맑음 구름 비 갬 안개 바람

자신의 소원을 성취하기 위해서는
자기의 모든 것, 모든 욕구를 내려놓는
간절한 마음이 있어야 한다는 것이지요.
자기 카르마로부터 해방되면
욕심에서 비롯된 번뇌가 걷히고,
마음 깊은 곳에 있는 순수의식이 일어납니다.
순수의식은 깊은 무의식의 세계에 자리합니다.
순수의식이 의식 위로 떠오르려면
잡다한 번뇌와 욕심이 사라져야 합니다.
불평과 불만과 미움이 모두 사라지게 됩니다.

95일

【마음나누기】 지금 나의 마음은 어떤가요?

20 년

1월 2월 3월 4월 5월 6월 7월 8월 9월 10월 11월 12월

1 2 3 4 5 6 7 8 9 10 11 12 13 14 15
16 17 18 19 20 21 22 23 24 25 26 27 28 29 30/31

월 화 수 목 금 토 일

맑음 구름 비 갬 안개 바람

진리로 나아가기 위해서는
진실한 믿음과 올바른 앎,
즉 '신'과 '해'가 함께 있어야 합니다.
믿음은 있으나 앎이 없으면
미신에 머무르고,
앎이 있으나 믿음이 없으면
알음알이에 머물러
실천적 힘이 없습니다.
신해가 겸비된 다음에는 실천이 필요합니다.
베풂이 오히려 더 큰 이로움으로
돌아온다는 것을 알고 있다 한들,
아는 것만으로는 아무 의미가 없습니다.

96일

【마음나누기】 지금 나의 마음은 어떤가요?

20 년

1월 2월 3월 4월 5월 6월 7월 8월 9월 10월 11월 12월

1 2 3 4 5 6 7 8 9 10 11 12 13 14 15

16 17 18 19 20 21 22 23 24 25 26 27 28 29 30/31

월 화 수 목 금 토 일

맑음 구름 비 갬 안개 바람

잘못을 고치고

다시 행함을 되풀이하여

실천하는 것이 정진입니다.

실천의 과정은

한 번에 이루어지지 않습니다.

여러 번의 실패를 경험해야 하고,

실패한 원인을 점검하며

그것을 보완하기 위한 연구가 필요합니다.

이렇게 물러남 없이

꾸준히 계속되는 실천의 과정을

불퇴전의 정진이라 부릅니다.

97일

【마음나누기】 지금 나의 마음은 어떤가요?

20 년

1월 2월 3월 4월 5월 6월 7월 8월 9월 10월 11월 12월

1 2 3 4 5 6 7 8 9 10 11 12 13 14 15
16 17 18 19 20 21 22 23 24 25 26 27 28 29 30/31

월 화 수 목 금 토 일

맑음 구름 비 갬 안개 바람

실천의 가장 높은 단계에 깨달음이 있고,
깨치고 나면 그때까지의 모든 단계를
뛰어넘게 됩니다.
꿈속에서 무슨 일이 있었다 한들
궁극에는 눈을 떠야만 하며,
눈뜨고 나면 꿈속에서 있었던
모든 순간을 넘어섭니다.
깨달음은 최고의 실천 단계이고
최고의 행이니,
이보다 더 높은 실천은 없습니다.

98일

【마음나누기】 지금 나의 마음은 어떤가요?

20 년

1월 2월 3월 4월 5월 6월 7월 8월 9월 10월 11월 12월

1 2 3 4 5 6 7 8 9 10 11 12 13 14 15

16 17 18 19 20 21 22 23 24 25 26 27 28 29 30/31

월 화 수 목 금 토 일

맑음 구름 비 갬 안개 바람

신해행증,

다시 말해 증득은 실천을 통해

내가 경험한 완벽한 깨달음을 말합니다.

믿음도, 지식도, 실천도

내 스스로 경험하여 증득해야만

궁극적으로 진리임이 증명됩니다.

진리를 내 것으로 얻는 것은

그 어떤 얻음과도 비교할 수 없습니다.

99일

【마음나누기】 지금 나의 마음은 어떤가요?

20 년

1월 2월 3월 4월 5월 6월 7월 8월 9월 10월 11월 12월

1 2 3 4 5 6 7 8 9 10 11 12 13 14 15

16 17 18 19 20 21 22 23 24 25 26 27 28 29 30/31

월 화 수 목 금 토 일

맑음 구름 비 갬 안개 바람

꿈속에서는 참을 수 없이 무거운 일도
꿈을 깨고 나면 가벼운 일에 불과합니다.
하나하나 남을 고쳐서 해결하려 하지 말고,
모든 것을 자기에게로 돌이키며
부처님의 가르침에 의지해서
우선 내가 해탈해야 합니다.
그래야 문제를 풀어내는 힘이 생깁니다.
무엇보다 우선 내 자신이 편안하니
주변의 상황을 그대로 놓아두어도 괜찮아지고,
만약 고쳐보고자 한다면
이전과는 다른 큰 힘이 생깁니다.

100일

【마음나누기】 지금 나의 마음은 어떤가요?

한글 반야심경 사경

마하반야바라밀다심경 관자재보살 행심반야 바라밀다시 조견 오온개공 도일체고액 사리자 색불이공 공불이색 색즉시공 공즉시색 수상행식 역부여시 사리자 시제법공상 불생불멸 불구부정 부증불감 시고 공중무색 무수상행식 무안이비설신의 무색성향미촉법 무안계 내지 무의식계 무무명 역무무명진 내지 무노사 역무노사진 무고집멸도 무지역무득 이무소득고 보리살타 의반야바라밀다고 심무가애

무가애고 무유공포 원리전도몽상 구경열반 삼세제불 의반야바라밀다고 득아뇩다라삼먁삼보리 고지 반야바라밀다 시대신주 시대명주 시무상주 시무등등주 능제일체고 진실불허 고설 반야바라밀다주 즉설주왈

아제아제 바라아제 바라승아제 모지 사바하
아제아제 바라아제 바라승아제 모지 사바하
아제아제 바라아제 바라승아제 모지 사바하

한자 반야심경 사경

摩訶般若波羅蜜多心經 觀自在菩薩 行深般若
波羅蜜多時 照見五蘊皆空 度一切苦厄 舍利
子 色不異空 空不異色 色卽是空 空卽是色 受
想行識 亦復如是 舍利子 是諸法空相 不生不
滅 不垢不淨 不增不減 是故 空中無色 無受想
行識 無眼耳鼻舌身意 無色聲香味觸法 無眼
界 乃至 無意識界 無無明 亦無無明盡 乃至
無老死 亦無老死盡 無苦集滅道 無智 亦無得
以無所得故 菩提薩埵 依般若波羅蜜多故 心

無罣碍 無罣碍故 無有恐怖 遠離顚倒夢想 究竟涅槃 三世諸佛 依般若波羅蜜多故 得阿耨多羅三藐三菩提 故知 般若波羅蜜多 是大神呪 是大明呪 是無上呪 是無等等呪 能除一切苦 眞實不虛 故說 般若波羅蜜多呪 卽說呪曰

揭諦揭諦 波羅揭諦 波羅僧揭諦 菩提 娑婆訶

揭諦揭諦 波羅揭諦 波羅僧揭諦 菩提 娑婆訶

揭諦揭諦 波羅揭諦 波羅僧揭諦 菩提 娑婆訶

우리말 반야심경 사경

마하반야바라밀다심경

관자재보살이 깊은 반야바라밀다를 행할 때

오온이 공한 것을 비추어 보고 온갖 고통에서

건너느니라.

사리자여! 색이 공과 다르지 않고 공이 색과

다르지 않으며 색이 곧 공이요 공이 곧 색이

니, 수 상 행 식도 그러하니라.

사리자여! 모든 법은 공하여 나지도 멸하지도

않으며 더럽지도 깨끗하지도 않으며 늘지도

줄지도 않느니라.

그러므로 공 가운데는 색이 없고 수상행식도 없으며 안이비설신의도 없고 색성향미촉법도 없으며 눈의 경계도 의식의 경계까지도 없고 무명도 무명이 다함까지도 없으며 늙고 죽음도 늙고 죽음이 다함까지도 없고 고집멸도도 없으며 지혜도 얻음도 없느니라.

얻을 것이 없는 까닭에 보살은 반야바라밀다를 의지하므로 마음에 걸림이 없고 걸림이 없으므로 두려움이 없어서 뒤바뀐 헛된 생각을 멀리 떠나 완전한 열반에 들어가며 삼세의 모든 부처님도 반야바라밀다를 의지하므로 최상의 깨달음을 얻느니라.

반야바라밀다는 가장 신비하고 밝은 주문이며 위없는 주문이며 무엇과도 견줄 수 없는 주문이니 온갖 괴로움을 없애고 진실하여 허망하지 않음을 알지니라. 이제 반야바라밀다주를 말하리라.

아제아제 바라아제 바라승아제 모지 사바하
아제아제 바라아제 바라승아제 모지 사바하
아제아제 바라아제 바라승아제 모지 사바하

필사를 마치며